KLEINE BIBLIOTHEK DER Küchenkunst

Marmeladen & KONFITÜREN

Eine leckere Auswahl eingemachter Früchte

JILL NORMAN

Mit erlesenen Rezepten

FLECHSIG

EIN DORLING KINDERSLEY BUCH
ÜBERSETZUNG: PHILIPPA DURST

UMSCHLAGENTWURF: WOLFGANG HEINZEL
PHOTOGRAPH: DAVE KING
DRUCK UND VERARBEITUNG:
OFFIZIN ANDERSEN NEXÖ, LEIPZIG
PRINTED IN GERMANY

ISBN 3-88189-526-4

I N H A L T

EINFÜHRUNG

»Es gilt die Regel: ›Marmelade morgen, Marmelade gestern, nur nicht heute!‹«

Lewis Carroll, »Alice Through The Looking Glass«

Dattelbox um 1930

DIE HINWENDUNG ZUM HAUSGEMACHTEN, *Unverfälschten hat in kaum einem Bereich eine so alte Tradition wie in dem der Marmeladen. Das Bereiten von Marmeladen und Konfitüren (Marmeladen bestehen aus Fruchtpüree, Konfitüren aus ganzen Früchten) ist seit Jahrhunderten eine der festen und wohl auch geliebtesten Aufgaben der Hausfrau. Die Vielfalt der alten bis uralten überlieferten Rezepte läßt darauf schließen. Das Ernten und Einkochen gartenfrischer Sommerfrüchte war früher die unangetastete Domäne der Herrin des Hauses und ihrer Dienstmädchen.*

Kirschen, Aprikosen, Quitten, Himbeeren und rote Johannisbeeren gehörten zu den beliebtesten Obstsorten und wuchsen in fast allen Gärten der Wohlhabenden. Mit der Verfügbarkeit von billigerem Zucker aus den tropischen Kolonien wurde das Herstellen von Fruchtgelees, -pasten, -marmeladen und Konfitüren auch weniger begüterten Haushalten möglich und entwickelte sich schließlich zu einem Erwerbszweig für einige von ihnen.

Der Engländer Sir Kenelm Digby gab in seinen Tagebuchaufzeichnungen verschiedene Versionen einer Quitten-Fruchtpaste und ein köstliches Rezept für eine besondere Himbeerkonfitüre an, die mit dem Zusatz ganzer roter Johannisbeeren zu bereiten war: »Sie wird aussehen, als ob Rubine in klarem Gelee enthalten seien.« (The Closet Opened, 1669).

England hat das Zubereiten von Quitten- und anderen Fruchtpasten wohl von den Spaniern oder den Portugiesen gelernt, die heute noch für diese Spezialität bekannt sind. Diese wiederum dürften die süße Kunst von den Mauren abgeguckt haben, denn das Herstellen von Marmeladen, kandierten Früchten und anderen Süßigkeiten hat im Mittleren Osten eine sehr viel ältere Tradition, und es besteht eine Verbindung dahin. In Tausend-und-Eine-Nacht liest man von üppigem Eingemachtem, von Marmeladen und gezuckerten Früchten, mit denen man den Gast bewirtete. Diese Leckereien wurden – damals wie heute – mit Gewürzen wie Nelken, Koriander und Kardamom aromatisiert.

In jenen Tagen des Ottomanischen Reiches pflegten die jüdischen Frauen engen Kontakt mit denen des Harems; und viele türkische Gerichte, vor allem Süßspeisen, wurden von den Juden übernommen. Bei den Juden des östlichen Mittelmeerraumes festigte sich der Brauch, dem Gast am Ende des Sabbaths kleine Schälchen mit ausgesucht feinen Marmeladen oder Konfitüren – von Quitten, Rosenblättern oder Datteln – anzubieten. Der Gast nahm einen Löffel davon und trank dazu einen Schluck Wasser. In vielen türkischen Haushalten wird der Besucher auch heute noch mit diesem Ritual begrüßt.

Französisches Marmeladenetikett, ca. 1908

Ich habe hier solche Rezepte aus Ost und West, aus Vergangenheit und Gegenwart zusammengetragen, die nicht nur die Frucht, sondern auch das Aroma des Sommers trotz Einkochens beibehalten. Alle Rezepte sind mit Zucker als einzigem Konservierungsmittel zu verstehen, wobei gelegentlich Essig oder Alkohol beigegeben wird.

Hand aufs Herz – wer kann dem appetitlichen Aroma hausgemachter Marmelade auf Dauer widerstehen? Dem unverkennbaren Duft und der zarten Färbung einer Marmelade aus Rosenblättern? Oder einem verführerischen Nachtisch aus saftigen Früchten in Weinbrand?

ÄPFEL, BIRNEN, QUITTEN

ÄPFEL UND QUITTEN *eignen sich ausgezeichnet zum Einkochen. Sie enthalten sehr viel Pektin, was bedeutet, daß das Fruchtfleisch gut geliert, wenn es mit Zucker eingekocht wird. Äpfel eignen sich außerdem wegen ihres neutral-milden Geschmacks gut zum Mischen mit Früchten geringeren Pektingehalts, ohne daß dabei deren Geschmack verändert wird.* BIRNEN *enthalten wenig Pektin und wenig Säure, weshalb sie häufig zusammen mit Preiselbeeren eingekocht oder mit Zitronensaft »gehöht« werden.*

Birne

Äpfel

ÄPFEL sind das wichtigste und weitesverbreitete Obst der gemäßigten Klimazone und werden in unserer nördlichen Hemisphäre seit 4000 Jahren gezogen. Sie gehören zu den vielseitig verwendbaren Früchten.

BIRNEN gedeihen in vielen Gegenden der gemäßigten und subtropischen Zone. Doch die eßbare Birne mit ihrem schmelzend-saftigen Fruchtfleisch ist eine »Erfindung«, die erst nach 1500 gelang; zunächst kannte man nur die Kochbirne mit ihrem härteren, granulösen Fruchtfleisch.

QUITTEN sind wie unregelmäßig geratene Äpfel oder Birnen aussehende Früchte mit einer goldgelben Schale und einem mattgrauen Flaum darauf. Sie stammen aus dem Griechenland der Antike und werden auch heute noch hauptsächlich aus den Mittelmeerländern importiert.

Quitte

ZITRUSFRÜCHTE

ZITRUSFRÜCHTE GEDEIHEN *in den meisten tropischen und subtropischen Regionen; es läßt sich geradezu von einem »Zitrusgürtel« sprechen, der sich zwischen den vierzigsten Breitengraden Nord und Süd ausdehnt. Die nicht sehr hoch wachsenden Bäume kommen ursprünglich aus China und Südostasien, wo sie ihrer Früchte wegen wie auch zur Zierde gepflegt wurden.*

ORANGEN sind in zwei Varietäten erhältlich: als die gewohnte süßschmeckende Orange mit orangegelbem bis rotem Fruchtfleisch und Saft (wobei die rotfleischige die süßere ist), und die bittere Orange, die in der Gegend von Sevilla heimisch ist und fast ausschließlich zur Herstellung von Marmelade angebaut wird.

Limone

LIMONEN sind ähnlich sauer wie Zitronen, jedoch reicher in ihrem Aroma. Sie können wie Zitronen verwendet werden, übertragen aber ihren ins Bittere gehenden Geschmack.

ZITRONEN sind das subtropische Gegenstück zu den Limonen. Zu sauer, um frisch verzehrt zu werden, bieten sie jedoch unerhört vielfältige Anwendungsmöglichkeiten in der Küche.

GRAPEFRUITS sind eine westindische Hybridform des pomelo, der im 12. Jahrhundert den Westen erreichte. Das gelb- bis rosarote Fruchtfleisch hat einen bittersüßen Geschmack.

villa oder
itterorange
Grapefruit
Zitrone

KIRSCHEN

KIRSCHEN WERDEN IN ALLEN *Gebieten mit gemäßigtem Klima angebaut; ihre Heimat ist jedoch unbekannt. Die süßen aromatischen, saftigen Früchte gehören zur Familie des einsteinigen Steinobstes. Kirschbäume werden sehr hoch und sind im Frühling, wenn sich ihre unzähligen weißen Blüten öffnen, eine wahre Augenweide. Ihre Früchte, die im Frühsommer reifen, werden – je nach Sorte – gelbrot, rot oder sehr dunkel bis purpurrot.*

Es gibt nicht weniger als 17 Süß- und 12 Sauerkirschsorten mit klingenden Namen in den Hauptanbaugebieten Italien, Deutschland (Oberfranken, Hessen) und Schweiz. Die dunkelfleischigen Sauerkirschen – Weichseln, Schattenmorellen, Heimanns Rubin und andere – werden hauptsächlich in Südosteuropa angebaut. Sie bilden die Grundlage einer Vielzahl von beliebten »Genußmitteln«, von der Schwarzwälder Kirschtorte bis zum Kirschwasser.

Kirschen

PREISELBEEREN & CRANBERRIES

PREISELBEEREN WACHSEN *wild an immergrünen Zwergsträuchern im ganzen westlichen Teil Europas, in Nordamerika und Nordasien. Die Pflänzchen haben dunkelgrüne, glänzende Blätter und rosafarbene Blüten, aus denen sich blaßgelbe, später rote und schließlich dunkelrote, Beeren bilden. Die säuerlich schmeckenden Früchte ergeben eine ausgezeichnete Marmelade.*

Die größere Kulturpreiselbeere (Cranberry), ist eine Züchtung aus Amerika, die 1871 nach Deutschland kam, wo sie mit Erfolg angebaut wurde. Sie schmeckt ähnlich säuerlich wie die wilde Preiselbeere. Wilde Preiselbeeren werden ausschließlich zum Einkochen verwendet und dienen als Zuspeise zu Wild, Braten, und Desserts und als Marmelade.

Kultur-preiselbeeren (Cranberries)

TROCKENFRÜCHTE

GETROCKNETES OBST *unterscheidet sich wesentlich vom frischen »Original« – sei es im Geschmack als auch in der Gewebsstruktur. Durch das Entziehen der Feuchtigkeit (Dehydrierung) intensiviert sich das Aroma, und der Zuckergehalt steigt erheblich. Das meiste Trockenobst am Markt kommt heute aus den heißen Klimazonen. Es sollte beim Einkochen von Marmeladen und Konfitüren erst gegen Ende hinzugegeben werden, damit möglichst viel von der Fruchtmasse erhalten bleibt.*

Dattel

DATTELN, die ovalen, glänzenden braunen Früchte der Dattelpalme, die in vielen subtropischen trockenen Gebieten wächst, haben eine faserhaltige Fruchtmasse und schmecken nach Honig, mit einem Stich ins Säuerliche. Halbgetrocknet sind sie sehr süß, aber immer noch saftig.

Pflaumen

PFLAUMEN läßt man in heißen Gegenden direkt am Baum trocknen. Die besten sind die französischen Agen-Pflaumen, die einen hohen Fruktose-Anteil aufweisen. Trockenpflaumen – heute zumeist aus Kalifornien – sind für gewöhnlich in drei Größen erhältlich.

Aprikosen

APRIKOSEN werden, anders als Datteln oder Pflaumen, bereits entsteint, bevor sie zum Trocknen ausgelegt werden. Die Früchte werden zum Teil auch als Aprikosenpaste – in Form geschichteter Fruchtmasse – angeboten und eignen sich für die Bereitung verschiedener kulinarischer Köstlichkeiten.

Feige

FEIGEN unterscheiden sich in Farbe und Konsistenz. So gibt es sie von tiefrot bis grünlich-gelb. In jedem Fall sollten sie sich beim Kauf dick und elastisch anfühlen. Feigen schmecken süß, nussig und haben Biß. Die von hellerer Farbe sind für gewöhnlich die besten.

NÜSSE

NÜSSE SIND HERBSTFRÜCHTE *mit einem eßbaren, für gewöhnlich harten, ölhaltigen Kern in einer noch sehr viel härteren, teilweise porösen Schale. Die hier gezeigten Nüsse stammen alle aus der gemäßigten Klimazone der nördlichen Halbkugel. Seit vorgeschichtlicher Zeit werden Nüsse als Nahrung gesammelt; viele von ihnen werden auch seit jeher in Pflanzungen kultiviert und nicht nur frisch verzehrt, sondern geröstet, gesalzen, zu Öl weiterverarbeitet oder eingelegt, eingezuckert (kandiert) oder vermahlen.*

Haselnuß

HASELNÜSSE sind in Europa und Nordamerika heimisch. Ihr Anbau begann im größeren Umfang erst im 19. Jahrhundert.

Kastanie

Sangiovanni

KASTANIEN wachsen zu zweien oder dreien in grünen, stacheligen runden Gehäusen; die weiße Innenschale ist bitter und muß entfernt werden. Die »Nuß« selbst schmeckt süß und wird weich, wenn sie gekocht oder geröstet wird.

SANGIOVANNI werden aus Kalifornien importiert und gehören zur Familie der Haselnüsse. Sie sind länglich und größer als die mehr kugeligen Haselnüsse und stellen immerhin 10 Prozent unserer gesamten Nuß-Einfuhr dar.

MANDELN werden in der nördlichen wie in der südlichen Hemisphäre seit langem mit Erfolg gezogen. Sie sind die vermutlich weitestverbreitet genutzten Nüsse und stellen wohl den größten Anteil der in der Welt erzeugten Nüsse dar.

Mandeln

Grüne Mandeln

Unter GRÜNEN MANDELN versteht man die unreifen Früchte der Mandeln, die samt der faserigen und noch nicht harten Schale verwendet werden. Die BITTERE MANDEL ist eine schwach-giftige Varietät, die als Rohstoff für kulinarisch und kosmetisch genutzte Öle geschätzt wird.

WALNÜSSE kennt man in zwei Sorten; eine davon ist in Amerika heimisch und größer als die europäische Varietät. Letztere gilt jedoch als geschmacklich überlegen.

Schälnuß

Walnuß

SCHÄLNÜSSE sind eine Delikatesse der ersten Walnußernte. Walnüsse werden zum Teil sogar unreif geerntet und in Salzlake oder Zuckersirup eingelegt oder als Zutat im Salat verwendet.

PFLAUMEN

PFLAUMEN, *die widerstandsfähigsten der Steinfrüchte, gibt es in einer Vielfalt von Sorten – von der kleinen goldgelben Mirabelle und der großen Familie der Reineclauden bis zu den meistgekauften Handelssorten (wie die Viktoria-Pflaume), die Hybriden der wilden Schlehe und der Kirschpflaume sind.*

Pflaumen sollten beim Kauf immer rundlich und von satter Farbe sein und frisch aussehen.

Reineclauden

REINECLAUDEN haben ihren Namen nach der Gattin des französischen Königs Franz I., unter dessen Regentschaft die Früchte kreiert wurden. Im deutschen Sprachraum ist hier und da die lautmalerische Abkürzung Ringló gebräuchlich. Weich, honigsüß und saftig sind sie die idealen Pflaumen für tausend-und-ein kulinarisches Vorhaben.

Die VIKTORIA-PFLAUME ist nur eine der Sorten, die im späteren 19. Jahrhundert aus gezielter Züchtung hervorgegangen sind. Da sie sich für die (kühle) Lagerung besser eignen als die meisten anderen, zählen sie zu den meistgefragten Handelssorten.

Zwetschgen

Pflaumen (Viktoria-Pflaumen)

ZWETSCHGEN, die auch noch wild wachsend zu finden sind, haben einen besonders intensiven, etwas süßsäuerlichen Geschmack. Ihr Fruchtfleisch ist fest, und sie sind nicht sehr saftig, weshalb sie sich besonders gut zum Einkochen eignen.

BEERENOBST

*W*EICHES BEERENOBST *ist naturbedingt einer der ältesten »Rohstofflieferanten« für eine ganze Reihe von Marmeladen und anderen Fruchtkonserven. Ihre Saison ist kurz, aber ihre Beliebtheit um so ausgedehnter, so daß ihr Genuß außerhalb der Jahreszeit die Phantasie wie den Appetit ganz besonders beflügelt: Ein Hauch vom Sommerwind und vom Duft der am Busch gereiften Früchte liegt noch in den Marmeladen, Konfitüren, Gelees, Fruchtlikören und Sirups. Die weichen Beeren sind leicht verderblich und druckempfindlich, so daß sie beim Pflücken oder beim Kauf vorsichtig angefaßt werden müssen.*

Erdbeeren

Blaubeeren

ERDBEEREN: Die wildwachsenden Walderdbeeren sind unerreicht in Geschmack und Aroma und sehr teuer. Die großen Zuchtformen stammen aus Amerika und kamen im 17. Jahrhundert nach Europa.

HIMBEEREN sind Sammelfrüchte mit vielen winzig kleinen Steinfrüchtchen. Sie wachsen in der gesamten nördlichen Hemisphäre. Gelbe, im Spätsommer reifende Himbeeren haben einen besonders ausgeprägten Geschmack.

Himbeeren

Rote Johannisbeeren

JOHANNISBEEREN (rot, schwarz oder gelb) wachsen in allen Teilen Europas. Ihre Früchte sitzen in kleinen Trauben an langen Stengeln.

Schwarze Johannisbeeren

BLAUBEEREN oder HEIDELBEEREN wachsen auf niedrigen, stark verzweigten Halbsträuchern. Die kleinen schwarzblauen runden Beeren haben ein dunkelrotes, oft säuerliches aber saftiges Fruchtfleisch. Sie werden viel zum Einkochen verwendet, ergeben im vollreifen Zustand aber auch ein köstliches Frischobst.

STEINOBST

STEINOBST – so genannt, weil die dünnschaligen, saftigen Früchte dieser Gruppe, einen einzelnen »Stein« oder Kern enthalten – gehörten ausnahmslos zur Gattung Prunus, zu der Kirschen und Pflaumen ebenso zählen wie Aprikosen und Pfirsiche. Die laubtragenden Bäume der Gattung gedeihen in allen gemäßigten Klimazonen und sind winterhart, wobei Kirschen und Pflaumen noch weiter nördlich zu finden sind als Pfirsiche und Aprikosen. Letztere brauchen wärmeres Wetter und schmecken nur wirklich gut, wenn sie am Baum reifen dürfen.

Nektarinen

NEKTARINEN sind eine härtere und aromatischere Varietät des Pfirsichs mit festerem Fruchtfleisch und haben im Unterschied zum Pfirsich eine glatte Schale. Nektarinen wachsen in den gemäßigten und subtropischen Teilen Europas und in Nordamerika.

APRIKOSEN stammen vermutlich aus China, wo sie bereits vor 4000 Jahren angebaut wurden. Heute wachsen sie in vielen der subtropischen Gebiete der Welt. Nicht übermäßig saftig, faserhaltig, leicht säuerlich und doch süß, lassen sie sich zum Einkochen, Backen und für Desserts vielseitig verwenden.

PFIRSICHE gibt es in verschiedenen Sorten – von blaßgelb bis tiefgelb mit dunkelroten Schatten, die ihrer flaumigen Oberfläche einen Hauch von Sonnenwärme verleihen. Das Fruchtfleisch der Pfirsiche ist manchmal ziemlich faserig; bei voll ausgereifter Frucht ist es saftig und von süßem Aroma und Geschmack.

WILDFRÜCHTE

WILDFRÜCHTE *wachsen fast überall um uns herum, in nächster Nachbarschaft, und leider allzuhäufig völlig unbeachtet. Hagebutten, Holzäpfel, Ebereschen- oder Vogelbeeren, Sanddorn – die Namen rufen Erinnerungen an vergessene Märchen aus der Kindheit oder bestenfalls an Omas vergilbtes Rezeptbuch wach. Und über die guten, üppig gedeihenden Holunderbeeren wird zwar viel Gutes gesagt, doch werden sie noch relativ wenig genutzt. Brombeeren werden dagegen in größerem Umfang gesammelt. Doch steht zu erwarten, daß in einer Zeit der zunehmenden Anpassung der Kulturfrüchte an die Erfordernisse des internationalen Marktes wieder mehr Früchte aus der freien Natur unser Interesse finden werden.*

Brombeeren

BROMBEEREN – die blauschwarzen, um einen faserigen Kern gruppierten Scheinfrüchtchen – findet man überall in der nördlichen Hemisphäre. Die wilde Brombeere ist saurer als die Kulturbeere; sie erfordert mehr Zucker, wenn sie frisch gegessen werden soll, ergibt aber ein besseres Fruchtgelee.

WILDE PFLAUMEN sind durchwegs kleiner als die Kulturpflaumen und schmecken im allgemeinen ziemlich sauer. Ihr Kern ist im Vergleich zu dem ihn umgebenden Fruchtfleisch sehr groß, und frisch sind sie kaum zu genießen.

HOLUNDERBEEREN wachsen in Trauben an ungewöhnlich langen Stielen. Sie schmecken eher unangenehm, fast pelzig, doch verlieren sie ihren Nachgeschmack, wenn sie gekocht sind. Holunderbeeren lassen sich gut mit anderen Früchten zu Marmeladen und Gelees verarbeiten.

Rezepte

Kirschkonfitüre

Versuchen Sie dieses Rezept mit dunklen Süßkirschen oder Schattenmorellen

1 kg Kirschen
750 g Zucker
Saft einer halben Zitrone
50 g gehackte Walnüsse, falls gewünscht

Die Kirschen entsteinen und in einen Einkochtopf geben. Ihren Saft darübergießen. Einige der Kerne in ein Stück Tuch wickeln und dieses mit in den Topf geben. Alles zusammen 3–4 Minuten simmern lassen, dann den Zucker hinzurühren, bis er sich vollkommen aufgelöst hat. Unter ständigem Rühren aufkochen und etwa 15 Minuten weitergaren, bis die Kirschen weich sind. Falls nötig, etwas Wasser hinzugeben, damit sie nicht anhängen. Dann den Beutel mit den Kernen entfernen und den Zitronensaft einrühren. Noch einmal zum Kochen bringen, bis der Gelierpunkt erreicht ist. Den Schaum von der Oberfläche nehmen, falls gewünscht, die Walnüsse daruntermischen und die Konfitüre in ein vorgewärmtes sauberes Einmachglas geben. Das Glas erst nach dem Erkalten verschließen.

Konfitüre aus Herbstfrüchten

500 g Äpfel oder Holzäpfel
500 g Brombeeren
500 g Holunderbeeren
500 g Heidel- oder Blaubeeren
125 g Haselnüsse
¼ Teelöffel gemahlene Nelken
1,5 l Wasser, 2 kg Zucker

Die Äpfel schälen, entkernen und kleinschneiden; die Beeren waschen und Blätter und Stiele entfernen. Die Nüsse kleinhacken oder grob vermahlen. Früchte, Nüsse und Nelkenpulver in einen Einkochtopf geben, das Wasser hinzuschütten und alles etwa 15 Minuten simmern lassen, bis die Früchte weich sind. Den Zucker dazugeben und umrühren, bis er sich aufgelöst hat. Alles zum Kochen bringen; dann gelegentlich umrühren und 10 Minuten weiterkochen lassen, bis die Konfitüre zu gelieren beginnt. In heiße Gläser füllen.

Erdbeerkonfitüre

1,75 kg Erdbeeren
1,5 kg Zucker
Saft einer Zitrone

Die Erdbeeren waschen und entstielen. Eine Lage Zucker in den Einkochtopf geben, darüber eine Lage Erdbeeren. In gleicher Weise weitere Lagen schichten und mit einer Lage Zucker abschließen. Das ganze 24 Stunden stehen lassen. Schließlich den Topf vorsichtig zum Kochen bringen und gleichmäßig weiterkochen lassen, sobald sich der Zucker aufgelöst hat – etwa 12–15 Minuten. Den Zitronensaft hinzufügen, prüfen, ob die Konfitüre geliert und leicht auskühlen lassen. Anschließend in Gläser abfüllen. Diese Konfitüre schmeckt und duftet ausgezeichnet, hält sich aber nur 4–5 Monate.

Marmelade von Rosenblättern

Diese Delikatesse wird im gesamten Mittleren Osten sehr geschätzt. Die Marmelade sollte mit stark duftenden, vorzugsweise roten oder rosaroten Rosen bereitet werden. Dafür eignen sich die wenigsten modernen Zuchtrosen; die Besten sind die *Gallica*-Sorten, die – entgegen aller Vermutung – aus Persien stammen, insbesondere die *G. officinalis*. Sie verströmt einen sehr zarten Duft und ist ausgezeichnet im Geschmack.

»*Ghyulbè-Shèkèr.* – Wenn die Rosen voll erblüht sind, sammle man etwa *ein Pfund der Blütenblätter* – von den größeren – und schneide die weißen Ränder davon mit einer Schere ab. Die kleinen Blättchen gebe man samt den weißen abgeschnittenen Rändern in einen sehr sauber gereinigten Kochtopf mit *dreiviertel Pint*) Wasser* und erhitze ihn. Anschließend seihe man die Flüssigkeit durch ein sauberes Leinen oder ein Sieb, drücke die Blätter gut aus und werfe sie beiseite. Dann gebe man die Flüssigkeit zurück in den Topf, füge *drei und ein halbes Pfund weißen gesiebten Zucker* hinzu und rühre mit einem Holzlöffel solange um, bis der Zucker ganz aufgelöst ist. Nun gebe man die großen, verlesenen Blütenblätter dazu und koche alles zusammen, bis die Masse recht dick ist, oder versuche ein wenig davon auf einem Tellerchen: Wenn sie fest ist, nehme man die Marmelade vom Feuer. Sobald sie ausgekühlt ist, fülle man sie in Einmachgläser, verschließe sie luftdicht und lagere sie an einem ziemlich kühlen Ort.«

Türkisches Kochbuch, 1862
Eine Rezeptsammlung von
Turabi Effendi

Es dauert etwa 10 Minuten, bis die Marmelade eindickt. Die Zugabe von Saft einer Zitrone hilft beim Gelieren.

*) 1 Pint = 0,56 l

Kastanienmarmelade

»Kochen Sie die *Kastanien*, ziehen Sie anschließend die Haut ab und passieren Sie sie durch ein Drahtsieb. Mit einem *dreiviertel Pfund Zucker* auf *je ein Pfund Kastanien* macht man einen Sirup und aromatisiert kräftig mit *Vanille*. Geben Sie *ein halbes Glas Wasser* dazu. Wenn der Sirup gekocht ist, gibt man das Kastanienpüree hinein und kocht alles auf, bis die Masse ziemlich dick ist. Sie sollte nicht allzu steif sein; in dieser Marmelade sollte ein gewisser Anteil Sirup erhalten bleiben. Füllen Sie sie in Gläsern ab.«

Mrs. C. F. Leyel, *The Complete Jam Cupboard*, c. 1925

Himbeermarmelade mit Duftgeranien-Blättern

2 kg Himbeeren
4–5 Blätter der Duftgeranie
150 ml roter Johannisbeersaft
2 kg Zucker

Früchte, Blätter und Saft in den Einkochtopf geben und 10 Minuten kochen, bis die Früchte weich sind. Den Zucker im Backrohr bei schwacher Hitze erwärmen, dann in den Topf geben, geschwind zum Kochen bringen und 3 Minuten kräftig kochen. Diese Marmelade geliert nicht zu einer besonders festen Masse, schmeckt aber ganz vorzüglich. Entfernen Sie die Geranienblätter, bervor Sie die Marmelade in Gläser abfüllen.

Reineclauden-Konfitüre

2 kg Reineclauden
1,25 kg Zucker, Saft einer Zitrone

Reineclauden in Hälften schneiden und entsteinen. Früchte samt Zucker in eine Schüssel geben und mehrere Stunden stehen lassen. Mischung in einen Einkochtopf geben und langsam zum Kochen bringen. Zitronensaft hinzu geben und weiterkochen, bis der Gelierpunkt erreicht ist.

CREOLE-JAM

»Eine meiner Lieblingsmarmeladen. Sie ist wegen ihres Alkoholgehalts mit Sicherheit keine Frühstücksmarmelade, jedoch ein exzellenter Abschluß eines Diners. Reichen Sie *fromage blanc* dazu.

1,5 kg Bananen
1 kg Streuzucker
300 ml Wasser
2 große Zitronen oder 3 Limes
1 Kaffeelöffel voll gemahlener Zimt
150 ml Rum

Die Bananen schälen, in Scheiben schneiden und 1 Minute lang in kochendem Wasser überbrühen. Dann abgießen. Mit dem Zucker und 250 ml Wasser einen Sirup bereiten, diesem die Bananen hinzufügen und 25 Minuten kochen lassen. Inzwischen die Zitronen oder Limes schälen und dabei darauf achten, daß die weiße Faserhaut nicht verlorengeht. Diese in kleine Stücke schneiden – am besten mit einer Schere – und 2 Minuten blanchieren (überbrühen). Abgießen. Die Zitronen (oder Limes) auspressen und den Saft zusammen mit den Stücken und dem Zimt an die Bananen geben. 15 Minuten eindicken lassen und währenddessen gelegentlich umrühren. Vom Feuer nehmen, den Rum dazumischen und nach einem letzten Umrühren in Marmeladengläser füllen.«

Aus *»Particular Delights«*,
von Nathalie Hambro, 1981.

BROMBEERGELEE MIT GEWÜRZEN

1,5 kg Brombeeren
300 ml Wasser, Zucker
¼ Teelöffel gemahlene Muskatblüte
¼ Teelöffel gemahlener Zimt
1 Prise gemahlene Nelken
Saft von 2 Zitronen

Die Brombeeren zusammen mit etwas Wasser und den Gewürzen in einem Einkochtopf zum Kochen bringen. Weitere 30 Minuten vor sich hinköcheln lassen, oder so lange, bis der Saft vollkommen aufgesogen ist. Während Sie umrühren, die Früchte gelegentlich mit dem Kochlöffel ausdrücken. Durch einen Geleefilter gießen. Den Zitronensaft im Meßbecher abmessen und für je 600 ml 500 g Zucker hinzugeben. Kochflüssigkeit, Zucker und Zitronensaft zurück in den Kochtopf geben und vorsichtig kochen, bis der Gelierpunkt erreicht ist. In Gläser abfüllen.

MARMELADE VON GETROCKNETEN APRIKOSEN MIT MANDELN

500 g getrocknete Aprikosen
1,5 l Wasser, 1 kg Zucker
Saft von 2 Zitronen
Abgeriebenes einer Zitrone
50 g blanchierte und gehackte Mandeln

Aprikosen über Nacht im Wasser einweichen. Früchte abgießen und Einweichflüssigkeit aufbewahren. Grob zerkleinern. Mandeln klein hacken. Dann die Aprikosen, das Einweichwasser, den Zitronensaft und das Abgeriebene der Zitrone in den Einkochtopf geben und etwa 20 Minuten simmern lassen. Ab und zu umrühren. Zucker und Mandeln hinzugeben und dabei ständig umrühren, bis der Zucker aufgelöst ist. Rasch aufkochen und häufig umrühren, bis sie geliert. In Gläser einfüllen und luftdicht verschließen.

NEKTARINEN-KONFITÜRE

1 kg reife Nektarinen
1 kg Zucker, 300 ml Wasser
Saft einer Zitrone
10 zerdrückte Kardamomschoten

Nektarinen mit kochendem Wasser übergießen, so daß sich die Haut leicht abziehen läßt. Zerschneiden Sie sie nach dem Entfernen der Haut in Viertel und lösen Sie die Kerne heraus. Binden Sie die Kerne mit den Kardamomschoten in ein Tüchlein. Bringen Sie Zucker und Wasser zum Kochen, fügen Sie den Zitronensaft, den Beutel mit den Gewürzen und die Früchte hinzu. Alles 30 Minuten leise kochen. Nach dem Abschöpfen des Schaums auskühlen lassen, über die Früchte gießen.

Cranberry-Gelee

»Die Cranberries waschen und verlesen und anschließend im Einkochtopf mit wenig Wasser aufkochen. Zugedeckt solange vorsichtig kochen, bis die Beeren gar sind. Dann durch ein grobes Küchentuch oder ein Sieb gießen, aber nicht durchdrücken, da das Gelee sonst trüb wird. Abmessen und zurück in den Topf geben. Den Saft aufkochen lassen und den Schaum abschöpfen. Anschließend den Zucker dazurühren – auf ein pint kommt ein pound Zucker.*) Etwa zwanzig Minuten kochen lassen, oder so lange, bis der Saft geliert. Die Farbe von Fruchtgelees hält sich besser, wenn man den Zucker so spät wie möglich hinzugibt.«

Nach *»Housekeeping in Old Virginia«*, herausgegeben von Marion Cabell Tyree, 1879

*) 1 l = 2,11 amerik. pints
1 pound = 453 g

Grapefruitmarmelade mit Ingwer und Zitrone

2 Grapefruit
2 Zitronen
2,7 l Wasser
1,5 kg Zucker
150 g kandierter Ingwer, gehackt

Die Grapefruit waschen, schälen und alle weißen Faserteile und das Mittelstück entfernen. Die Schale in dünne Streifen und die Grapefruit in ebenso dünne Scheiben schneiden. Die Kerne und etwas von den abgetrennten Faserteilen in eine Gaze binden und dieses Beutelchen zusammen mit dem Fruchtfleisch und den Schalen in einen Einkochtopf geben. Das Wasser darübergießen und alles 1½ Stunden leise kochen. Der Inhalt sollte danach etwa auf die Hälfte reduziert sein. Den Zucker anwärmen und in den Topf geben. Nun solange rühren, bis er sich aufgelöst hat. Alles nochmal zum Kochen bringen, den Ingwer einrühren und weitersimmern lassen, bis die Marmelade geliert. 10 Minuten auskühlen lassen und gut umrühren, damit sich die Schalen- und Ingwerstücke gleichmäßig verteilen.

Bittere Orangenmarmelade

1,5 kg bittere (Sevilla-)Orangen
Zucker

Die Früchte waschen, in einen Topf geben und mit kochendem Wasser übergießen, so daß sie ganz davon bedeckt sind. Den Topf zudecken und im Backrohr bei schwacher Hitze (160°) etwa 3/4 Stunden garen, bis die Früchte weich sind. Die Orangen aus der feuerfesten Form nehmen und die Flüssigkeit aufbewahren.

Die Orangen nun zerteilen (klein schneiden) und die Kerne entfernen. Die Kerne in die Kochflüssigkeit geben, ein paar Minuten darin aufkochen und abgießen. Das Fruchtfleisch abwiegen und je 500 g, 750 g Zucker und 450 ml Flüssigkeit dazugeben. Alles zusammen in den Einkochtopf geben und leise kochen lassen, bis sich der Zucker aufgelöst hat. Dann auf großer Flamme weiterkochen bis der Gelierpunkt erreicht ist – etwa 10 Minuten. Schaum abschöpfen und Marmelade vor dem Abfüllen etwas auskühlen lassen.

Zitronen-Curd

250 g Zucker, 75 g Butter, 3 Eier
Abgeriebenes und Saft von 3 Zitronen

Alle Zutaten mit Ausnahme der Eier in einen Topf geben und diesen auf einen zweiten Topf mit kochendem Wasser setzen. Sobald die Butter geschmolzen ist, Eier schaumig schlagen und darunterrühren.

Solange rühren, bis die Mischung dick wird – etwa 10–15 Minuten. Die Mixtur darf nur nicht zu kochen beginnen, sonst gerinnt sie. Abfüllen und auskühlen lassen.

Schälnüsse eingemacht

1 kg Schälnüsse
1 kg Zucker
1 l Wasser
Saft von 3 Zitronen
6 Nelken

Ziehen Sie zum Schälen der Nüsse unbedingt Gummihandschuhe an, um die lang anhaltenden Verfärbungen zu vermeiden. Entfernen Sie die grüne Schale und legen Sie die Nüsse in eine große Schüssel mit kaltem Wasser. Lassen Sie sie 6–7 Tage stehen, damit alles Bittere entzogen wird. Kochen Sie den Zucker in einem Emailletopf mit dem Wasser und dem Zitronensaft, bis ein dicker Sirup entsteht. Gießen Sie die Nüsse ab und geben Sie sie zusammen mit den Nelken hinzu. Alles 40 Minuten kochen lassen, dann vom Herd nehmen und auskühlen lassen. Die Nüsse müssen vollkommen von Sirup bedeckt sein – notfalls mit einem Teller beschweren – und 48 Stunden stehen lassen. Der Sirup wird nocheinmal zum Kochen gebracht und darf 40 Minuten weitersimmern. In vorgewärmte Gläser abgießen, auskühlen lassen und verschließen. Die Nüsse werden in kleinen Schälchen mit etwas Sirup serviert, für gewöhnlich mit einem Glas Wasser.

(Aus Griechenland)

Rote Johannisbeer-Konfitüre

Sie können auch rote und weiße Johannisbeeren mischen.

1 kg rote Johannisbeeren
1,5 kg Zucker

Die Johannisbeeren entstielen. Den Zucker in 900 ml Wasser auflösen und zu einem Sirup kochen, bis das Thermometer 120° zeigt oder ein Siruptropfen, den man in Eiswasser fallen läßt, zu einem Klümpchen wird. Johannisbeeren hinzugeben und weitere 2 Minuten kochen. Nehmen Sie den Topf vom Herd und lassen Sie alles eine halbe Stunde auskühlen. Die Konfitüre in Gläser füllen, die Früchte dabei gleichmäßig verteilen. Drücken Sie die Beeren mit dem Löffel nach unten und bedecken Sie die Gläser.

Birnenmarmelade

5 kg reife Birnen
250 g Ananas
1 kleines Stück Zimt
Saft und Abgeriebenes einer Limone
1,25 kg Zucker

Die Birnen schälen und kleinhacken; das Kernhaus dabei entfernen. Die gehackten Birnen zusammen mit den Ananasstücken und dem in ein Gaze gebundenen Stück Zimt in den Einkochtopf geben. Alles 20 Minuten lang simmern lassen, dann den Limonensaft, die abgeriebene Schale und den Zucker daruntermischen. Alles zusammen aufkochen und mit wieder verminderter Hitze weitere 20 Minuten kochen. Häufig umrühren ist wichtig. Schließlich das Zimtsäckchen entfernen und die Marmelade in Gläser abfüllen.

Quitten-Paste

2 kg Quitten
Saft einer Zitrone
Zucker

Die Quitten abreiben, um ihren Flaum zu entfernen, die Früchte aber nicht schälen. Vierteln und diese Teile nochmals vierteln und in einen schweren Topf geben. Mit dem Wasser und dem Zitronensaft bedecken und bei geschlossenem Topf etwa 30–40 Minuten köcheln lassen, bis die Früchte weich sind. Dann abgießen und die Quitten durch ein Sieb drücken, so daß ein Püree entsteht. Dieses Püree abwiegen, und je 500 g den gleichen – oder etwas geringeren – Gewichtsanteil Zucker rechnen. Das Püree im Einkochtopf auf kleiner Flamme kochen. Dabei nach und nach den Zucker hinzugeben. Mit einem langen Holzlöffel ständig umrühren, um das Anbrennen zu verhindern. Mit dem Eindicken beginnt die Fruchtpaste Blasen zu bilden und zu spritzen. Sie darf nicht am Boden anhängen – zumal sie mindestens eine Stunde kochen muß. Danach sollte sie so fest sein, daß ein Löffel, den man über den Boden zieht, eine klare Spur in der Paste hinterläßt. Verteilen Sie die Fruchtpaste auf kleinere, flache Backformen, die mit

Papier ausgelegt wurden. Lassen Sie die Paste 4–5 Tage auf einem luftigen Regal oder der Zentralheizung stehen, bis sie vollkommen trocken ist und sich auf Druck fest anfühlt. Schneiden Sie sie in kleine Stücke, bestäuben Sie mit Streuzucker und geben Sie sie zum Aufbewahren in einen luftdichten Behälter.

Aprikosen-Paste

»Man kocht einige vollreife Aprikosen zu einem Mus und drückt das weiche Fruchtfleisch durch ein Sieb. Auf je ein Pound Mus kommen ein Pound und zwei Unzen fein gemahlenem Zucker. Man erhitzt die Masse gut und gibt nach und nach den Zucker hinzu. Sobald der gesamte Zucker mit dem Fruchtmus verrührt ist, stärker erhitzen, jedoch nicht kochen. Vom Herd nehmen und sie nach der einen Seite des Topfes zusammenkratzen und sie etwas auskühlen lassen. Auf Teller verteilen und in die gewünschte Form bringen. Zum Schluß im Ofen trocknen.« (Um 1800.)

Sobald Sie den Zucker hinzugegeben haben, müssen Sie ständig umrühren, um das Anhängen zu verhindern. Es nimmt etwa 40–45 Minuten in Anspruch bis die Paste genügend dick ist. Zur Probe zieht man einen Löffel über den Boden des Topfes. Die Paste hat die richtige Konsistenz, wenn der Löffel eine klare Spur darin hinterläßt. Anschließend in mit Backpapier ausgelegten Formen 2–3 Tage trocknen lassen, wie für die Quittenpaste beschrieben. In kleine Stücke schneiden und zur Aufbewahrung in eine Blechdose geben. Statt frischer Aprikosen halbgetrocknete verwenden.

Zwetschgen-Paste

Eine Fruchtpaste ist ein dickes Fruchtpüree, das mit gleichschwer Zucker sehr lange gekocht und nach dem Trocknen in Stücke geschnitten wird. Am besten verwenden Sie das Püree, das bei der Geleebereitung im Sieb zurückbleibt. Vor dem Einkochen durchpassieren. *Zwetschgen* in einen Topf mit gerade so viel *Wasser* geben, daß sie nicht anhängen, und auf kleiner Flamme kochen lassen. Püree abseihen und wiegen. *Gleiche Menge Zucker* abwiegen und ins schwach erwärmte Backrohr geben. Das Püree kommt zurück in den Topf. Zucker hinzufügen, gut umrühren und darauf achten, daß sich der Zucker vollkommen auflöst. Rühren Sie weiterhin und lassen Sie die Paste bei mittlerer Hitze kochen, bis sie sehr zäh wird. Streichen Sie sie in Marmeladengläser mit großer Öffnung, die Sie zuvor mit *Mandelöl* bepinselt haben. Die Paste hält sich, gut verschlossen, 3 Monate.

Pfirsich-Chutney mit Datteln

6 Pfirsiche
125 g Datteln, entsteint und gehackt
125 g Rosinen
2 Zwiebeln, feingehackt
375 g gemahlener brauner Zucker
2 Knoblauchzehen, feingehackt
1 Eßlöffel Senfsamen
2 Eßlöffel frischer Ingwer, feingehackt
6 Kardamomsamen (ohne Schoten)
2 Teelöffel Salz
300 ml Estragon-Essig

Die Pfirsiche kurz in heißes Wasser tauchen, die Haut abziehen und ihren Stein entfernen. In Scheiben schneiden. Alle Zutaten in einen Einkochtopf geben und vorsichtig erhitzen, bis sich der Zucker vollständig aufgelöst hat. Nun alles zum Kochen bringen und 1½ Stunden leise kochen lassen. Gelegentlich umrühren, bis die Mischung dick geworden ist. In Gläser abfüllen und mindestens 1 Monat stehen lassen, bevor Sie das Chutney servieren.

Scherbett

»Scherbetts werden aus nahezu jeder angenehm säuerlich schmeckenden Frucht zubereitet, die man auf dem Markt kaufen kann – wie Granatäpfel, Zitronen, Limonen, Orangen, Prunellen.«

»A New Account of East India and Persia«, Reisebericht 1672–1681, John Fryer, 1698

Scherbetts sind erfrischende Sommerdrinks, die mit Fruchsirup, Wasser und Eis bereitet werden. Rechnen Sie je einen Eßlöffel Sirup je Glas. Die Sirups sind einfach in der Zubereitung und können auch als Saucen zu Eiscremes und kalten Desserts verwendet werden. Versiegelt halten sich Sirupflaschen bei Zimmertemperatur; sobald sie geöffnet sind, müssen sie im Kühlschrank aufbewahrt werden. Benutzen Sie zum Sirupkochen einen Emailletopf und einen Holzlöffel, um eine Entfärbung und einen eventuellen metallischen Geschmack zu vermeiden.

Granatapfel-Sirup

Granatäpfel
Zucker

Schneiden Sie die Granatäpfel in Hälften und pressen Sie den Saft mit der Zitronenpresse aus. Gießen Sie den Saft mit dem Meßbecher in den Topf und geben Sie die doppelte Menge Zucker hinzu.
Erhitzen Sie vorsichtig, bis sich der Zucker aufgelöst hat und kochen Sie die Mischung anschließend noch eine Minute oder zwei, bis sie etwas eindickt. Filtern Sie den Sirup durch ein Sieb, in das Sie ein Tuch gebreitet haben, direkt in Flaschen.

Zitronensirup

1,5 kg Zucker
900 ml Wasser
450 ml Zitronensaft
ein paar Stückchen Zitronenschale

Zucker und Wasser zum Kochen bringen und, sobald der Sirup einzudicken beginnt, den Zitronensaft und die Schalenstückchen hinzugeben.
Ein paar weitere Minuten kocheln lassen und durch ein mit einem Tuch ausgelegtes Sieb abgießen.
In Flaschen füllen.

CRÈME DE CASSIS

ist ein Likeur von schwarzen Johannisbeeren, und läßt sich problemlos zu Hause zubereiten. Anstatt Brandy kann man preisgünstigen geschmacksneutralen *eau-de-vie* aus Frankreich nehmen; auch Wodka ist geeignet.

1 kg schwarze Johannisbeeren
1 l Brandy oder eau de-vie
500 g Zucker

Zerquetschen Sie die schwarzen Johannisbeeren und geben Sie sie in einen großen Einkochtopf. Gießen Sie den Brandy darüber, decken Sie zu und stellen Sie den Topf für wenigstens zwei Monate an einen kühlen Ort. Gießen Sie den Alkohol ab. Der Zucker wird in 300 ml Wasser aufgelöst, ein Sirup bereitet und, sobald dieser ausgekühlt ist, zum Alkohol gegeben. Füllen Sie ihn in Flaschen ab, verkorken Sie diese und lassen Sie sie mindestens zwei Monate stehen, bevor Sie den Cassis versuchen. Je länger er gelagert wird, desto milder wird er. Eine Teelöffel Crème de Cassis auf ein Glas eisgekühlten Weißwein ergibt einen Kir. Ein Schuß crème de cassis hebt auch den Geschmack und das Aroma von schwarzem Johannisbeereis und Puddings.

FEIGEN IN BRANDY

Füllen Sie ein Glasgefäß mit *einigen guten getrockneten Feigen* und bedecken Sie diese mit einer Mischung aus *zwei Teilen dünnflüssigem Honig* und *einem Teil Brandy.* Lassen Sie alles 2 Monate lang mazerieren.

COCKTAILKIRSCHEN

Nehmen Sie genügend *Kirschen,* um ein großes Marmeladenglas zu drei Viertel zu füllen. Stechen Sie die gewaschenen Früchte zwei, dreimal mit einer Nadel ein und schneiden Sie die Stiele auf 1 cm zurück. Geben Sie eine erste Lage Kirschen in das Glas, bestreuen Sie diese mit *Zucker,* geben Sie eine weitere Lage Kirschen und weiteren Zucker darüber. Füllen Sie das Glas auf diese Weise zu ¾ voll und gießen Sie mit *Brandy* auf. Glas schließen und 3 Monate stehen lassen.

Pektin

Wesentlicher Bestandteil jeder Marmelade ist das Pektin, das in allen Früchten vorkommt und das Gelieren ermöglicht. Damit der Gelierpunkt erreicht werden kann, muß der Pektinanteil in einem bestimmten Verhältnis zur Fruchtsäure stehen. Äpfel, Johannisbeeren, Zitronen enthalten viel Pektin und genügend Säure, weshalb sie beim Einkochen mit ausreichend Zucker problemlos gelieren. Kirschen, Birnen und Pfirsiche weisen einen niedrigen Pektin- und Säureanteil auf, so daß beides zugesetzt werden muß. Die einfachste Methode ist das Anreichern mit Zitronensaft. Der Pektingehalt kann erhöht werden, indem man Früchte mit hohem und solche mit niedrigem Pektinanteil mischt oder im Handel erhältliches, fertiges Pektin dazugibt.

Die Gelierprobe

Testen Sie die Marmelade, sobald sie einzudicken beginnt. Geben Sie etwas davon auf einen Holzlöffel, den Sie quer über den Topfrand legen und seitlich kippen, so daß die Masse in den Topf zurückgleitet. Bleibt am Löffel eine dünne Schicht hängen, ist die Marmelade bereitet. Oder geben Sie etwas auf eine (kalte) Untertasse und testen Sie nach ein paar Sekunden mit dem Finger: Wenn der Tropfen runzelt, wird die Mischung gelieren. Sollte er noch flüssig sein, ein paar Minuten weiterkochen. Einkochthermometer: bei 150 °C ist der Gelierpunkt erreicht. Sobald die Marmelade fertig ist, den Schaum abschöpfen, kräftig umrühren, damit sich die Früchte gleichmäßig verteilen und heiß in Einweckgläser abfüllen.

Das Abfüllen

Einweckgläser mit kochendheißem Wasser übergießen und im Backrohr warmstellen. Die Marmelade abfüllen und einen runden Deckel aus Wachspapier – Wachsseite nach unten – daraufdrücken, solange sie noch sehr heiß ist. Geben Sie eine Scheibe Zellophan oder ein Tüchlein darüber, das per Gummiband oder Schraubdeckel festgehalten wird. Gläser verschließen, solange die Marmelade noch sehr heiß oder ganz ausgekühlt ist; niemals, wenn sie nur warm ist.

REGISTER